Edição geral
Sonia Junqueira (T&S - Texto e Sistema Ltda.)

Diagramação
Tamara Lacerda

Revisão
Aline Sobreira

AUTÊNTICA EDITORA LTDA.
Editora responsável
Rejane Dias

Belo Horizonte
Rua Aimorés, 981, 8º andar . Funcionários
30140-071 . Belo Horizonte . MG
Tel.: (55 31) 3214 5700

São Paulo
Av. Paulista, 2073 . Conjunto Nacional
Horsa I . Conj. 1101. Cerqueira César
01311-940 . São Paulo . SP
Tel.: (55 11) 3034 4468

Televendas: 0800 283 13 22
www.autenticaeditora.com.br

Revisado conforme o Acordo Ortográfico da Língua Portuguesa de 1990,
em vigor no Brasil desde janeiro de 2009.

Dados Internacionais de Catalogação na Publicação (CIP)
(Câmara Brasileira do Livro, SP, Brasil)

Santos, Walther Moreira
    A gata Mirrada e outros poemas / Walther Moreira
Santos, textos e ilustrações. -- Belo Horizonte :
Autêntica Editora, 2012.

    ISBN 978-858217-026-7

    1. Poesia - Literatura infantil 2. Poesia - Literatura
infantojuvenil I. Título.

12-10793   CDD-028.5

        Índices para catálogo sistemático:
        1. Literatura infantil   028.5
        2. Literatura infantojuvenil   028.5

Walther Moreira Santos
texto e ilustrações

A GaTA

MIRRADA

e outros poemas

autêntica

Para Isabella, Juliana, Letícia e
Thaysa – minhas gatas

A GATA MIRRADA

A gata Mirrada era
toda feinha
e veio da rua
enrolada num jornal.

Achada no lixo
cheia de carrapicho,
foi dada à mamãe.

Era tão, tão magrinha,
que nenhuma outra
gata vizinha
com ela brincava.

Tinha a cara arranhada,
as orelhas rachadas,
a pata quebrada.
Toda chamuscada,
queimada do sol,
tinha o rabo cotó,
coitada!

Mas de banho tomado,
o pelo escovado
e a barriga cheinha,
a gata Mirrada,
depois de arrumada,
se chama
Mimosa Mimada.

E é a mais chique da rua!

7

NA LÍNGUA
DO INHO

Na língua do inho,
pé é pezinho,
papai é paizinho
e vovô é voinho.

Na língua do inho,
cavalo grandão
vira cavalinho.

Até um trenzão
de grande vagão
vira um trenzinho.

Ou um elefante
com a tromba gigante
vira elefantinho.

Mas a língua do inho
só vale pra quem
é bem pequenininho.

PESCARIA NO JAPÃO?

Um dia, de manhãzinha,
o meu pai, todo feliz,
me chamou pra pescar.
Preparei as iscas
e um balde novinho
pra trazer de peixe
cheinho.

Pesquei uma piaba
toda prateada
e tão pequenina
que dava pena
de olhar.
"Tira do anzol
e joga no rio
que ela volta
a nadar",
meu pai falou.

Daí em diante
não pesquei
mais nada!

Papai pescou
uma rede rasgada
e uma botina furada
de um coronel
que usava chapéu.

Pescou um colar de havaiana
e uma saia de falsa baiana
que saiu no Carnaval.
Pescou uma saboneteira,
um apito, um pneu
e uma torneira
com um pedaço
da pia grudado.

E nessa pescaria
veio tanta porcaria
que eu não fazia mais nada:
só ria e ria e ria!
(Mas também senti pena:
quanto lixo, meu Deus,
estão jogando no rio!)

Com a fome do meio-dia,
fomos obrigados
a comprar peixe congelado
lá na peixaria.

Um tal de "cação",
um peixe grandão
que veio de barco
lá do mar do Japão.

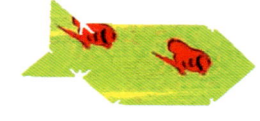

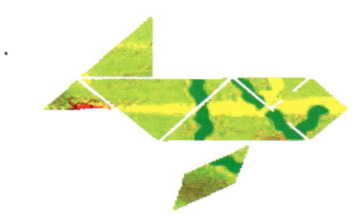

É BRINCADEIRA!

Ninguém convida o porco-espinho
pra jogar bola,
porque a bola se espeta
e estoura.

Ninguém convida a girafa
pra pular corda,
porque no longo pescoço
a corda se enrola.

Ninguém convida o elefante
pra dançar balé.
Já pensou se ele pisa
no seu pé?
E o tamanho do tênis?
E o chulé?
É por isso que as preguiças
brincam de estátua,
e as macacas pulam corda,
e no lago o cisne brinca de dançar,
e o tatu-bola joga bola
até embolar.
E se não te convidam pra brincar,
não vá se chatear.

PERGUNTAS

Quem pintou a vaca malhada
e esticou o pescoço da girafa?
Quantas listras tem o tigre-de-bengala?
E quantos pios num dia
um pinto dá?

Quem ensinou os peixinhos a nadar
no imenso mar sem se afogar?
Quantos dentes tem na boca da piranha?
E quantos fios por ano tece uma aranha?
Em que dia Deus faz aniversário?
Quantas palavras há fora do dicionário?

DE NOITE
FALTOU ENERGIA

De noite faltou energia,
e dentro da casa
foi aquela correria!
Epa! Que luz é aquela?
Não é luz de vela...

É o pai vindo
do fundo do quarto
com um fósforo aceso —
e logo queima o dedo!

Alguém pisa no rabo do gato: Miaaauuuuu!
O irmão imita fantasma: Uuhhhhhh!
"Parem com isso, deixem a palhaçada!",
diz a mãe,
já bastante zangada.

"Pega a lamparina", sugere a avó.
"Cadê a lanterna?", quer saber a tia.
"Que lanterna, que nada", retruca o avô.
"Acende outro fósforo", implora o irmão.

Mas o fósforo acabou,
e no escuro total
ninguém acha nada.
E toda a família
fica atrapalhada.

Na rua, lá fora,
a escuridão é total.
Da varanda eu vejo
que luzes acesas,
só mesmo as do céu.

Em noite escura,
o melhor a fazer
é olhar as estrelas
e ficar ao léu...

MARCELO, PÃO E BALÃO

Café com pão,
bolacha não...
Café com pão,
bolacha não...

De manhã, logo cedinho,
antes de ir estudar,
Marcelo faz um balão
com um pedaço de pão,
entra nele, vai pra China.

O bule agora é um trem:
pra aproveitar a fumaça
que sai do bico também.

Da geleia, faz um pântano,
do biscoito, jacaré:
pois a geleia é molinha,
e o pântano também é.

Do café, ele faz petróleo,
fica rico como ninguém:
pois o café é bem preto,
e o petróleo também.

Da bolacha, faz jangada
e chega ao mar do Sião:
pois a bolacha é levinha,
e a jangada também.

"Toma logo esse café!
Come logo esse pão!"
O grito acorda Marcelo:
é seu pai, o Marcelão,
que acaba com a viagem
e faz pousar o balão.

O GATO XERETA PERDEU O BIGODE

Mamãe corta a carne,
enquanto Xereta se põe a miar.
Mamãe corta o bife,
e quando Xereta bota o focinho,
perde um pedacinho
do bigode fininho.

De bigode cortado,
o gato Xereta
tem vergonha de xeretar.
Não sobe em telhado
nem corre na rua.
Não amola o cachorro,
não revira o lixo,
não pega catito
e não mais namora.

Mamãe bate o bife,
enquanto Xereta se põe a olhar.
Bem caladinho, agora bonzinho,
e com o bigode não mais inteirinho, coitado!
Mas toma cuidado com o martelinho
bastante pesado!

Quem mandou o gato Xereta
ser tão... tão... xereta?!

AS DUAS AVÓS
(canção de ninar)

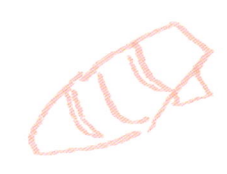

Vovó do sítio
faz pãozinho de queijo
e salada de fruta
pra gente lanchar.

Vovó da cidade
compra torta importada
de tamanho gigante
pra impressionar.
E me leva ao shopping
e compra caramelo
e o sapato mais belo
que há.

Vovó do sítio
faz boneca bonita
com laço de fita
pra neta brincar.

Vovó da cidade
compra vestido amarelo
e um xale de lã
pra ela usar.

Nas festas de maio,
a vovó da cidade
vai à novena
e reza por mim.
E a vovó do sítio
fica em casa,
colhendo jiló,
cuidando da horta,
aguando o jardim.

Vovó do sítio
borda um vestidinho
com um palhacinho
pra me alegrar.

Vovó da cidade
faz um travesseiro
todo perfumado,
cheio de macela.
E logo cedinho
faz chá de laranja
e arroz doce
com muita canela.

Eu nunca pensei
que a vida pudesse,
com duas avós,
ser assim tão bela.

E fico feliz
por ter elas duas
todinhas pra mim.

O autor

Nasci em Vitória de Santo Antão, Pernambuco. Sou formado em Direito, mas gosto mesmo é de escrever e ilustrar. Tenho muitos livros publicados — romances, peças de teatro, memórias —, e há mais de dez anos também escrevo e ilustro para crianças.

A gata Mirrada existiu de verdade em minha vida: estava abandonada na rua e eu a levei para casa. E aprendi muito com ela – por exemplo: se a gente cuidar com amor e carinho, o resultado é compensador.

Neste livro, coloquei muito amor e carinho nos poemas e nas ilustrações — algumas delas têm mais de 10 anos! —, feitas com bordado, tinta acrílica e colagens.

Se você gostou, faça uma visita à minha página na internet e... seja bem-vindo!

www.wmsbooks.blogspot.com

Esta obra foi composta com a tipografia
Quixeramobim e impressa em papel Couché Fosco 150 g/m²
na Formato Artes Gráficas para a Autêntica Editora.